AF320815

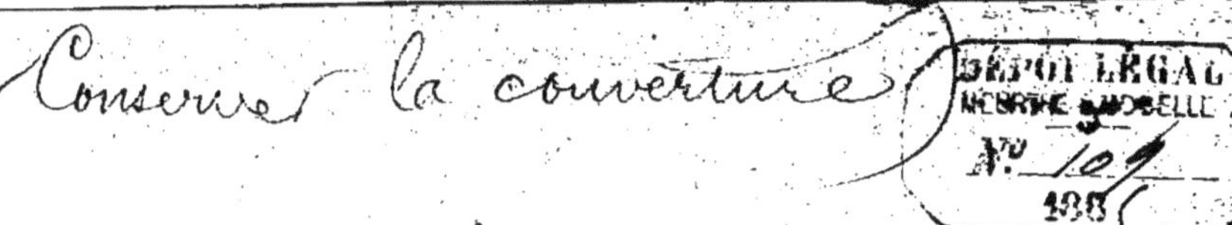

DISCOURS

PRONONCÉ SUR LA

TOMBE DE M. ED. SIMONIN

Président honoraire de l'Association de prévoyance
et de secours mutuels, des Médecins de Meurthe-et-Moselle
Ancien vice-président du Conseil central d'hygiène
Directeur honoraire de l'École préparatoire de médecine
Professeur honoraire de la Faculté de médecine de Nancy
Secrétaire perpétuel de l'Académie de Stanislas, etc.

Par M. le Professeur LALLEMENT

AU NOM DE L'ASSOCIATION DES MÉDECINS DE MEURTHE-ET-MOSELLE

ET DU CONSEIL CENTRAL D'HYGIÈNE

NANCY

BERGER-LEVRAULT ET Cie, IMPRIMEURS DE L'ASSOCIATION
11, RUE JEAN-LAMOUR, 11

—

1885

DISCOURS

PRONONCÉ

SUR LA TOMBE DE M. ED. SIMONIN

Président honoraire de l'Association des Médecins de Meurthe-et-Moselle

PAR M. LE PROFESSEUR LALLEMENT

AU NOM DE L'ASSOCIATION

MESSIEURS,

Il appartenait à une voix plus autorisée et plus respectée de remplir le triste devoir d'adresser un dernier adieu et un suprême hommage au collègue vénéré du Conseil central d'hygiène et de l'Association des médecins de Meurthe-et-Moselle que nous pleurons aujourd'hui. Telle est la profonde affection que M. Simonin a inspirée aux fidèles amis de sa vie entière, que son successeur à la vice-présidence et à la présidence de ces deux compagnies, cédant à l'émotion, se voit obligé de se faire remplacer par un confrère plus jeune et sans titre officiel.

Cette mission, quelque douloureuse qu'elle soit, je l'ai cependant acceptée, parce qu'à l'expression du deuil qui nous afflige, elle me permet de joindre le témoignage de profond respect et de vive reconnaissance des anciens élèves de M. Simonin.

C'est, en effet, un devoir pour un de ses élèves d'il y a près de trente ans, — de la période la plus brillante de sa carrière de professeur, — qui, admis plus tard au nombre de ses collègues dans l'enseignement et dans quelques-unes des œuvres qu'il a fondées ou dirigées, a pu apprécier la haute valeur de ses rares qualités.

Devant un auditoire plus nombreux, avec une science plus étendue, d'autres professeurs, sans doute, ont acquis une renommée plus éclatante ; mais peu d'entre eux ont, mieux que M. Simonin, mérité le nom de maître. Ce nom ne convient-il pas autant à celui qui enseigne des doctrines ou une méthode personnelle qu'à celui qui sait inculquer à ses disciples le sentiment du devoir et de la probité professionnelle ? Dans son enseignement, M. Simonin avait en vue le soin d'instruire l'étudiant et de lui former le jugement, aussi bien que l'intérêt du malade. Certes, le chirurgien était des plus habiles et des plus brillants ; il n'omettait dans l'application, aucun des termes du précepte de la vieille école : *tuto, cito et jucundè* ; mais jamais il ne succomba à la tentation de pratiquer une opération pour faire admirer sa remarquable dextérité. Si, par la forme, c'est-à-dire par la parole comme par l'attitude, le professeur inspirait la déférence et apprenait à faire respecter la personne du médecin, par la rigueur du diagnostic, par la précision des indications à remplir et par l'emploi des moyens thérapeutiques et opératoires, M. Simonin était le modèle du véritable clinicien, c'est-à-dire du maître chargé de l'enseignement le plus élevé dans les études médicales, qui transforme l'étudiant et en fait un praticien capable de rendre à la société les services qu'elle en attend, et digne de la considération générale.

Pendant près de vingt ans, M. Simonin a été le directeur de l'École préparatoire de médecine qui a précédé la Faculté ; grâce à l'habileté de son administration, grâce à la solidarité qu'il savait maintenir entre ses collaborateurs, il a singulièrement favorisé le développement de cette école, préparé et assuré sa destinée. Cette situation le mettait en rapport plus intime et plus suivi avec les étudiants qu'il devait diriger et surveiller et qu'au besoin il savait excuser et défendre. Lorsqu'à leur tour, les jeunes médecins arrivaient dans la pratique, ils retrouvaient dans le maître aimé et respecté d'autrefois, un guide, qui leur prodiguait les conseils les plus sûrs et l'assistance la plus cordiale. Aussi M. Simonin laisset-il dans le cœur de la plupart des médecins établis dans ce pays, le souvenir le plus reconnaissant et le plus affectueux.

Qu'une semblable mémoire soit réservée aussi à ceux qui lui ont succédé et dont quelques-uns ont déjà disparu sans être parvenus à effacer sa trace.

L'influence du maître persistait et s'agrandissait au delà de l'École.

Parmi les nombreuses fonctions qu'il remplissait et qu'il devait à son infatigable labeur, par le crédit si mérité qu'il avait conquis près des administrations publiques, M. Simonin se trouvait à la tête de notre corps médical. Libre des obligations si étroites de la clientèle privée, il portait tous ses efforts vers le relèvement de la médecine qu'il comprenait de la manière la plus élevée, comme la plus utile et la plus noble des professions, et il voulait pour elle le rang que son rôle doit lui attribuer dans la société.

Avant tout, le médecin doit connaître son art; nous avons vu le professeur se dévouer à cette tâche dans sa chaire et par l'impulsion qu'il imprimait aux études médicales.

Ce devoir rempli, — avec quelle rigoureuse exactitude et avec quel zèle, ses anciens collaborateurs sont encore là pour en témoigner, — M. Simonin consacrait le reste de sa vie à soutenir et à développer les aspects scientifiques et professionnels de la médecine. Sur le premier point, vous venez d'entendre comme il en donnait lui-même l'exemple. Membre de l'Académie de Stanislas depuis 1843, il en fut le secrétaire perpétuel depuis 1850. En 1842, il créait la Société de médecine, qui devait entretenir le culte de la science parmi les praticiens. Il recueillait et publiait ses nombreuses observations cliniques, empreintes de l'esprit de ses anciens maîtres Velpeau et Chomel; enfin, il poursuivait ses longs travaux sur l'éther et le chloroforme, dont il avait été l'un des premiers introducteurs en France, et il méritait l'honneur d'être élu membre de la Société de chirurgie et Correspondant de l'Académie de médecine.

Au point de vue social de la médecine, M. Simonin occupe

véritablement une place à part. Ce fut là le principal objet de ses préoccupations qu'il avait tout d'abord révélées dans son discours de réception à l'Académie de Stanislas.

Lors de la constitution des conseils d'hygiène et de salubrité, en 1849, M. Simonin fut désigné comme membre du Conseil central du département de la Meurthe ; il en fut tout d'abord secrétaire, puis président de section et contribua de la manière la plus active à ses travaux qui, sous la direction de M. Simonin père, de M. Blondlot et, plus tard, sous sa vice-présidence, se firent remarquer par leur constante valeur et valurent à cette assemblée les nombreuses approbations et les distinctions des pouvoirs publics. Notre collègue se préoccupait surtout des questions d'hygiène générale et c'est dans cet ordre d'idées qu'en 1869, après le généreux legs de M. de La Salle, il fut amené à traiter pratiquement la question de la construction d'un nouvel hôpital, en remplacement du vieux Saint-Charles ; ses réflexions déjà anciennes sur ce sujet le conduisirent à fixer les bases si importantes relatives au nombre des lits, à l'emplacement à occuper, etc., et il proposa immédiatement la solution qui fut adoptée enfin dix ans plus tard, après bien d'autres plans mis en parallèle.

M. Simonin était directeur du service de la vaccine depuis 1841 ; c'est à l'occasion de cette fonction qu'en 1855, il conçut l'idée de l'organisation d'un service départemental d'assistance médicale associé à celui de la vaccination. Il parvint à le faire accepter par les autorités compétentes et il dota ainsi le département d'une institution des plus utiles, d'un mécanisme extrêmement simple, devançant ainsi de longtemps les projets que n'ont encore pu élaborer les législateurs les plus dévoués de notre démocratie. Dès lors, le corps médical de nos campagnes était en mesure de rendre aux populations tous les soins qui ne se trouvent que dans les grandes villes ; il était aussi tout organisé pour les services semblables que les progrès de la philanthropie feraient naître. C'est ainsi que lors de l'application de la loi Roussel sur la protection des enfants du premier âge, sur les indications de son directeur, l'Assistance médicale départementale servit immédiatement de cadre aux médecins inspecteurs de service.

A l'époque néfaste de la guerre de 1870, au moment où il fallait improviser tout, surgit à Nancy la question des ambulances que l'administration militaire désirait faire gérer par la ville. Les titres de M. Simonin, ses études antérieures sur l'hygiène hospitalière, son aptitude organisatrice le désignaient naturellement au choix du maire pour établir, avec la commission administrative des hospices, ce service où tout était à faire. En quelques jours, en dépit du désarroi universel et de la démoralisation générale, par un effort vraiment admirable, l'indispensable, personnel et matériel, est créé, et les blessés de Reichshoffen trouvent un asile — pour quelques-uns le dernier — qui bientôt va être en proie aux réquisitions de l'armée ennemie. L'histoire de cet épisode si peu connu et pourtant si intéressant a été le dernier écrit de M. Simonin ; il tenait à cœur de rendre justice à tous les dévouements de cette époque déjà lointaine et aussi de laisser un témoignage des humiliations sans nom que l'ennemi soi-disant humanitaire avait infligées aux vaincus en foulant aux pieds ce qu'il y avait de plus sacré dans le patriotique dévouement du devoir médical. Plus que personne M. Simonin en fut la victime ; il fut chassé misérablement du service chirurgical qu'il dirigeait avec tant d'abnégation et où avaient pu être recueillis un certain nombre de soldats français blessés à Gravelotte et à Saint-Privat. Mais ce que notre confrère n'a pas dit, c'est que, surmontant les plus amères tristesses et aussi les angoisses les plus poignantes, il sut trouver dans son noble cœur la force de continuer ses travaux de tous genres et de relever le moral défaillant des plus jeunes qui l'entouraient par son exemple, par sa force d'âme, en leur répétant : « *Sursum corda.* »

J'arrive enfin à ce que notre collègue a fait spécialement pour l'honneur et l'intérêt de la profession médicale. Partout il voulait voir le médecin estimé pour ses services, respecté pour la dignité

de sa vie et aussi justement récompensé. Mais le médecin n'est-il
pas trop souvent isolé, abandonné à ses propres forces, victime de
l'égoïsme ou de l'ignorance du public, parfois aussi de ce sentiment
jaloux qu'engendre la solitude inquiète ? Il fallait établir entre eux
des relations qui leur apprissent à se connaître et à faire tomber
d'injustes préventions; il fallait les grouper en vue de l'étude et de
la défense de leurs intérêts communs. En 1849, dès les premières
tentatives dans cette voie, M. Simonin prit part au mouvement avec
la conscience la plus nette de la véritable confraternité à créer. Ce
ne fut cependant qu'en 1861, à la suite de Bordeaux et de Paris,
que, sous la présidence de son vénéré père, avec le concours de ses
amis animés des mêmes sentiments, fut fondée l'Association locale
de prévoyance et de secours mutuels des médecins de la Meurthe
affiliée à l'Association générale des médecins de France. La haute
situation du professeur et du directeur de l'École de médecine, du
chef du service de l'assistance médicale, et surtout sa bienveillante
affabilité et l'affectueuse considération dont il jouissait parmi ses
confrères, la plupart ses anciens élèves, ses amis ou ses collègues,
assurèrent pour une très large part la prospérité de l'association
naissante qui compta rapidement la grande majorité des médecins
du département. Dans ses fonctions de secrétaire, M. Simonin
n'épargna d'ailleurs ni son temps ni ses efforts; lorsque, après
M. Simonin père, le regretté docteur Grandjean prit la présidence,
il fut nommé vice-président et enfin élu, à l'unanimité, président
en 1869.

Vous vous rappelez tous, chers confrères, le zèle, le dévouement
qu'il apportait dans ces fonctions : usant de son influence, de son
autorité, près des chefs des administrations civile, religieuse et
judiciaire, pour protéger contre l'exercice illégal des intérêts me-
nacés ou pour défendre des droits méconnus, recherchant les
infortunes pour les soulager d'une main discrète, nous animant
tous de la chaleur de son cœur et de son ingénieuse charité. Une
récompense spéciale lui était bien due, il fut nommé membre du

Conseil général de l'Association à Paris, à côté des hommes les plus vénérés de la profession. Notre Société conservera de lui un pieux et reconnaissant souvenir, comme à l'un de ses fondateurs les plus dévoués, et aussi, comme à l'un de ses bienfaiteurs. A l'exemple de son père, en se retirant il y a deux ans de la présidence, M. Simonin avait voulu en effet nous laisser un gage généreux de son affection pour aider à assurer l'avenir de son œuvre de prédilection.

Une telle activité d'esprit et de cœur était la condition d'existence de cette riche organisation ; il disait parfois que plus on a fait, plus il reste à faire. Lorsque, surmené peut-être par tant de travaux, l'organe de la pensée commença à s'affaiblir, il ne fut plus permis d'espérer qu'une verte vieillesse permettrait à M. Simonin de jouir des douces relations de l'amitié et de la prospérité des œuvres qu'il avait si puissamment contribué à fonder. En même temps que la fatigue, le deuil et le chagrin avaient frappé cette âme si affectueuse, sans que sa sérénité apparente en parût troublée ; l'heure de la retraite était arrivée. Comme l'arbre que l'automne dépouille de ses fruits, on le vit obligé de renoncer successivement à la plupart des fonctions qu'il avait remplies avec tant de zèle.

Les derniers postes qu'il abandonna furent les fonctions de médecin du lycée et du chemin de fer de l'Est où, par son exactitude et par le scrupuleux accomplissement de ses devoirs, il laisse les mêmes regrets que dans son service d'hôpital et des traditions difficiles à soutenir par ses successeurs.

Il put encore consacrer ses forces défaillantes à mettre la dernière main à ses travaux et à ses souvenirs, et il s'éteint avec la conscience d'avoir consacré toutes ses facultés, son âme entière, à l'amour des siens, au bien, tel qu'il l'avait conçu dans la carrière où il s'était tenu renfermé.

Son exquise aménité et son inaltérable bienveillance, sa tolérance absolue étaient le reflet de la bonté de son cœur et de l'élévation de ses sentiments. Cet homme de bien n'a jamais connu ni l'envie, ni la rancune ; s'il fut parfois incompris ou méconnu par ceux qui n'avaient pu le connaître d'assez près ou qui étaient incapables d'apprécier l'élévation de son caractère, M. Simonin n'en a jamais conservé le moindre souci ; il l'oubliait ou voulait l'ignorer et il ne voyait qu'une chose : le devoir à remplir, le but à atteindre, c'est-à-dire le succès de l'œuvre à laquelle il s'était attaché.

Travail obstiné, dévouement sans bornes, aménité des formes, dignité du caractère, noblesse des sentiments, telles furent les vertus de cet homme excellent qui laissera un souvenir ineffaçable dans la mémoire de tous ceux qui l'ont approché et qui restera, en face des préoccupations des générations actuelles, le modèle de la générosité et de la grandeur d'âme.

Maître bien-aimé, collègue vénéré, adieu !

Nancy, imp. Berger-Levrault et Cie.

NANCY, IMPRIMERIE BERGER-LEVRAULT ET Cie.